# A História da Sofia

## Um Guia Sobre Mutismo Seletivo

Vera Joffe, Ph.D., ABPP

Ilustrado por Margaret Scott

Editado por Monica Iachan

Vera Joffe nasceu em São Paulo, Brasil. Ela recebeu o diploma de bacharelado e de psicóloga no Brasil, formada pelo Departamento de Psicologia da Universidade de São Paulo. Depois, ela recebeu o grau de Mestrado na Universidade da Califórnia, Berkeley, e o doutorado na Universidade do Estado de Iowa. A Dra. Vera completou a residência na "Child Guidance and Adolescent Center" em Des Moines, Iowa. Depois disso, ela completou a residência de pós-doutorado no Hospital Luterano em Des Moines, Iowa.

A Dra. Vera tem trabalhado em clínica particular no sul da Florida desde 1989. Ela é certificada no Board de Psicologia Clínica de Crianças e de Adolescentes. A sua especialidade é na área de distúrbios de neuro-desenvolvimento, incluindo TDAH, Síndrome de Tourette, Espectro de Autismo, e Mutismo Seletivo. A Dra. Vera tem estudado e se apresentado em conferências nacionais e internacionais no tópico de Mutismo Seletivo, e ela tem participado mundialmente na conscientização e na educação sobre o tema, inclusive em escolas, para professionais e médicos. Seu trabalho também se concentra em um esforço para promover medidas para prevenção de desenvolvimento de doenças mentais em crianças, adolescentes e, mais tarde, em adultos. A Dra. Vera é membra da A.P.A., CHAAD, ADAA, e da ABCT.

A Dra. Vera tem licença em psicologia na Flórida e em Nova York e recebeu o certificado de PCIT Therapist da Sociedade Internacional PCIT (Parent Child Interaction Therapy). Ela também publicou dois outros livros: Joffe, V. & Iachan, M. (2006) "Um dia na vida de um adulto com TDAH". São Paulo: Lemos, e "My Name is Matt: I have Asperger Syndrome" (hoje chamada de Síndrome de Autismo).

**Margaret Scott (Ilustradora):**

Margaret Scott sempre se interessou em seguir carreira na área de arte. Ela estudou na Maryland Institute College of Art in Baltimore, Maryland. Desde então, ela tem ilustrado vários livros, panfletos, artigos, revistas e organizações (incluindo jornais): Smithsonian, American Psychological Association, Reading is Fundamental, UNICEF, Children's Defense Fund, U.S. Dept. Of Education, e Library of Congress.

Ela participa de um website chamado Newsart.com com muitos artistas que produzem cartoons e ilustrações para vários jornais, como o Washington Post, Boston Globe, Chicago Tribune, San Francisco Chronicle

A Margaret ilustrou dois outros livros escritos pela Dra. Vera: "O Dia na Vida de um Adulto com TDAH" (publicado no Brasil, nos Estados Unidos, e na Espanha), e também "Hi, My Name is Matt: I Have Asperger Syndrome".

# A História da Sofia

## Um Guia Sobre Mutismo Seletivo


**Vera Joffe, Ph.D., ABPP**

Ilustrado por Margaret Scott

Editado por Monica Iachan

A Historia de Sofia: Um Guia para Mutismo Seletivo



Library of Congress Control Number: 2016947660
ISBN-13:978-0-9787542-3-5
ISBN-10: 09787542-3-9

Para copias de livros, por favor contatar:
www.verajoffe.com
1-954-341-4441

***Este "Livrinho Lilás" é dedicado à minha corrente lilás,***

***Minhas filhas, Melissa e Monica, e minhas netinhas, Yarden e Amelie***

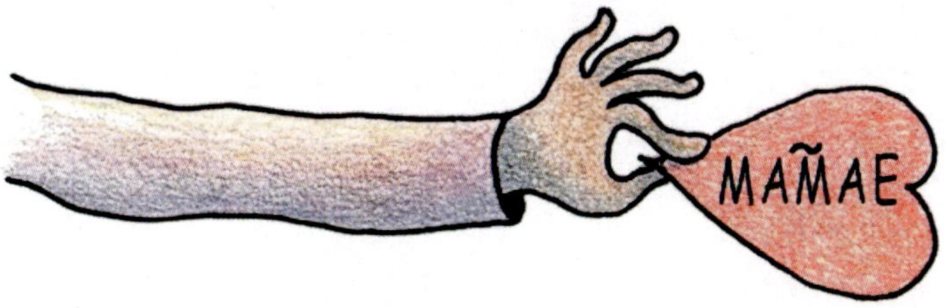

**Notas de Agradecimento**
Eu gostaria de agradecer a Margaret Scott por ter sido novamente uma grande parceira neste projeto. A sua sensibilidade e compreensão sobre o tópico de mutismo seletivo foi refletida na linda ilustração deste livro. Gostaria também de agradecer à Monica, minha filha, por ter editado meu trabalho, e por ter transformado a mensagem em algo mais claro e direto. Eu também sou muito grata pela irmã da Margaret Scott, a Lucy Morales, que fez a última revisão do manuscrito. E sou muito agradecida a Debora Cupperschmidt pela revisão da primeira edição em Português.

Finalmente, sou muito grata por ter trabalhado com crianças com Mutismo Seletivo, e com suas famílias, escolas, e profissionais aliados. Enfim, a todos que fizeram parte do "time" que trabalha para uma maior conscientização e educação de Mutismo Seletivo, incluindo a organização que participei na Comissão de Diretores por mais de três anos, www.smg.org

Finalmente, gostaria de agradecer a Dra. Elisa Shipon-Blum cuja paixão, conhecimento, e dedicação na área de Mutismo Seletivo me inspirou a também trabalhar nesta área, a estudar mais e a escrever este livro para disseminar mais conhecimento e para recomendar intervenções práticas e efetivas para tratar o Mutismo Seletivo.

# A História de Sofia: Um Guia sobre o Mutismo Seletivo

## Capítulo 1: Uma semana antes de começarem as aulas

Querida professora,

Estou feliz de começar a escola esse ano. Não vejo a hora de aprender coisas novas e de encontrar as crianças da minha classe.

Aqui está uma foto minha: É assim que eu me pareço.

Meus pais me disseram que eu estou pronta para começar a escola. Estas são algumas coisas com que eu gosto de brincar:

**Bonecas**

**crayons**

**lego**

**canetinhas de cor e de "faz de conta"**

## Capitulo 2: Quando eu era pequenininha

Meus pais me diziam coisas boas sobre quando eu era uma menina pequena. Que eu tinha um sorriso maravilhoso e também que eu gostava de seguir a minha mãe na cozinha quando ela fazia brigadeiro. Às vezes, quando havia um barulho muito alto das ambulâncias que passavam, eu começava a chorar. Eles pensavam que meus ouvidos doíam com o barulho.

A mamãe e o papai me disseram que uma vez que eu comecei a falar, eu virei uma tagarela: eu não parava de falar! Eu falava, falava, e falava sem parar. Eles ficaram tão contentes com isso! A mamãe e o papai diziam que eu seria uma "artista de tv", ou uma pessoa que contava as notícias do dia, ou que eu teria um programa com o meu nome na televisão. Só que às vezes, as pessoas chegavam muito perto de mim, olhavam nos meus olhos e diziam: "Você é uma menina tão bonitinha!". Eu ficava quieta, e sentia um nervoso, e aí eu olhava para o outro lado. Às vezes eu até chorava quando as pessoas se aproximavam muito de mim e me elogiavam.

Eu sempre quis ser uma artista, uma atriz, ou uma cantora. Este desenho mostra como eu acho que eu iria parecer se eu fosse uma artista e estivesse cantando em um show de talentos.

**Capitulo 3: Jardinzinho**

Quando eu tinha 4 anos, eu comecei a frequentar minha primeira escola, que se chamava “Arco Íris”. Eu adorava a minha professora, a Tia Cida. Quando eu chegava na escola, ela sempre me esperava com um sorriso.

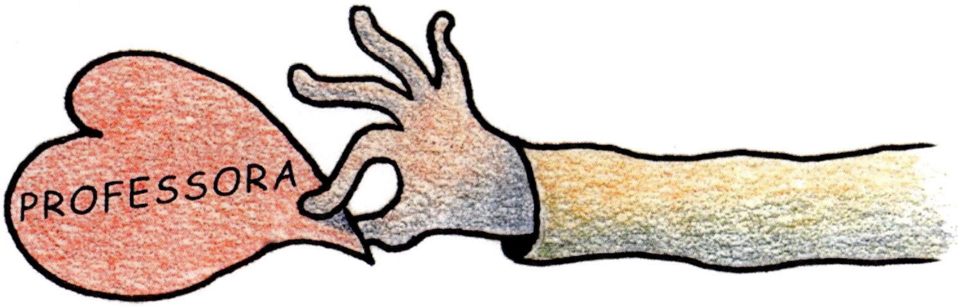

Tinha aula de música e de ginástica toda semana. Eu amava a minha escolinha! Eu cantava, brincava com os meus amigos, e não via a hora de ter aulas de arte e pintura. No dia das mães, nós fazíamos cartões e cantávamos para nossas mães. Eu gostei tanto desta escola, que eu fiquei mais um ano, segui para o pré-primário.

Eu tive muita sorte porque a Tia Cida foi a minha professora de novo e eu conhecia todas as crianças da minha classe.

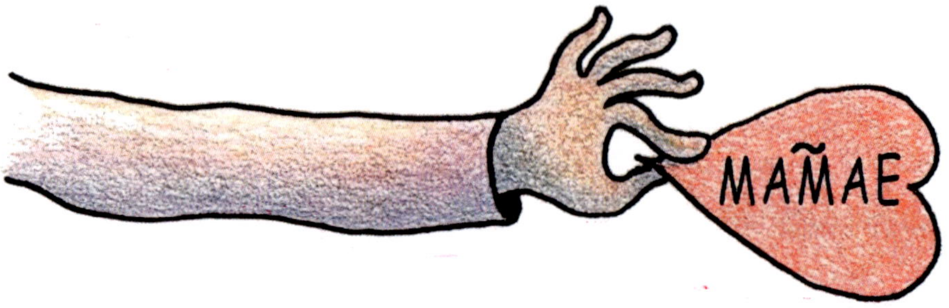


Eu adorava cantar, mas eu só escutava a minha voz quando eu estava cantando em frente ao espelho do meu quarto. Eu não gostava de estar na primeira fila quando nós cantávamos para uma festa. Aqui está o desenho da minha cantoria em frente ao espelho, praticando para a celebração do dia da Independência da escola.

**Capitulo 4: O ano passou rapidamente: E o que aconteceu depois?**

O ano passou tão rapidamente! Nós tivemos a festa de final de ano escolar, nos despedimos, e, de repente, o verão chegou!

Nas férias, meus pais me levaram para visitar uns parentes em Nova York. Nós fomos ver os dinossauros enormes no museu de ciência, e também um prédio super alto. O elevador subia, subia, subia. Eu pensei que nunca chegaríamos ao último andar para ver a cidade inteira. Comecei a ficar enjoada no elevador, mas meu pai estava cantando uma musiquinha que eu gosto, e esqueci do meu medo por um instante.

Quando voltamos das férias em Nova York, a mamãe e o papai me disseram que eu iria numa colônia de férias no clube. Eu não sabia o que era uma "colônia de férias". Meus pais me disseram que era num lugar perto da nossa casa e que eu me divertiria muito. Falaram que eu conheceria amiguinhos novos, que haveria natação todos os dias, além de muito tempo para pintar e desenhar. Eles também explicaram que a mamãe me buscaria lá, e então faríamos outras coisas legais em casa.

Foi bom saber quais seriam as atividades da colônia de férias, mas daí fui pensando mais e mais, e percebi que também aconteceriam muitas outras coisas que não sabia o que eram e comecei a ficar nervosa. Eu fiquei me lembrando da escolinha, meus amiguinhos... Então, o que era essa colônia, e por que que eu não poderia ficar na minha escola com os meus amigos?

O primeiro dia da colônia de férias chegou. A mamãe e o papai me levaram ao clube perto de casa. Ele era enorme! Tinha muito espaço, piscinas, e vários prédios. Me mostraram a piscina. Eu me senti muito pequenininha na frente do trampolim. Muitas crianças começaram a aparecer no clube que ficou cada vez mais barulhento.

Daí, uma tia muito simpática e bonita veio falar comigo. Ela me disse que seu nome era Sandra e que seria minha monitora na colônia de férias. Então, minha mãe me apresentou e disse para a monitora:

- Essa é a Sofia! É a primeira vez dela em uma colônia de férias.

Então, a minha mãe olhou para mim, esperando que eu falasse "oi" para a monitora.

Foi nesse momento que uma coisa muito ruim aconteceu: eu congelei e não consegui falar nada. Dei um "oi" com a minha cabeça e eu olhei para outro lugar. Minha mãe não percebeu, mas eu me senti muito nervosa naquele momento. Travei a minha voz, meu corpo ficou paralisado, e eu sentia que eu não conseguia falar nada, apesar de querer dizer "oi" para a tia Sandra.

Depois de um tempinho, a tia Sandra falou para a mamãe e para o papai irem embora, e que a colônia de férias ia começar. A tia Sandra então me avisou, e também a um grupo de amiguinhos (aproximadamente 10), que iríamos para uma salinha num prédio azul muito grande. Ela também tinha uma assistente, e o nome dela era Karina. Fomos, então, todos para o prédio enorme.

A tia Sandra percebeu que eu ainda estava muito medrosa, então pegou na minha mão e me levou. Ainda bem, porque eu achei que nem poderia andar de tão nervosa que eu me sentia.

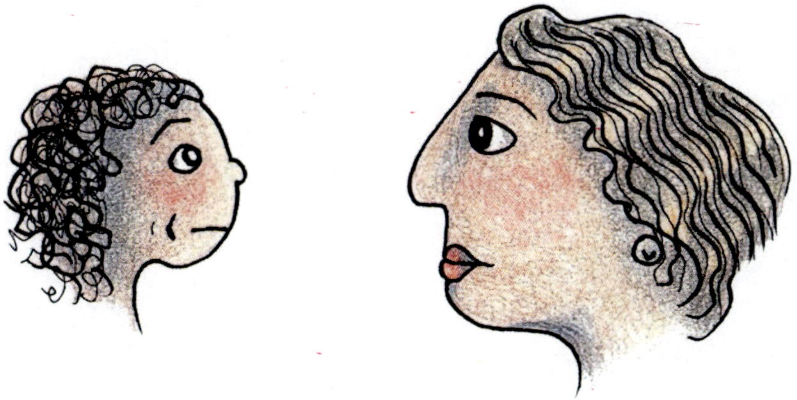

**Capitulo 5: Colônia de férias em silêncio.**

A partir daquele primeiro dia da colônia, eu não consegui mais falar. Não falei com a tia Sandra, nem com a tia Karina e nem com nenhuma criança. Sabe que até conhecia uma menina no meu grupinho, porque ela morava perto da minha casa e ela brincava na mesma rua? Eu queria tanto falar com ela, mas eu ficava com medo de falar qualquer coisa na colônia!

Eu acho que a tia Sandra sabia que eu estava com medo de falar com os meus amiguinhos, e eu me sentia melhor porque ela segurava a minha mão toda vez que nós tínhamos que ir de um lugar para outro no clube. Eu queria pedir para a tia Sandra ligar para a minha mamãe, mas eu não conseguia falar nada. Meus amiguinhos começaram a perceber que eu não falava, e eles não sabiam o que fazer. E eu queria tanto falar com eles e explicar que eu estava com medo, mas as palavras não saiam. Eu não via a hora de ir para casa. Não estava gostando da colônia de férias.

Os dias se passaram, e eu me sentia cada vez mais amedrontada. Quando eu tinha que ir ao banheiro, eu não conseguia dizer para a tia Sandra ou para a tia Karina. Eu só ia quando todos iam lá antes da piscina ou antes do almoço. As titias me ajudaram e falaram para a Monica, uma das minhas amiguinhas, ir ao banheiro comigo. Isso me ajudou muito porque quando ela me acompanhava, eu me sentia mais segura, com menos medo e eu não precisava falar nada.

No final do dia, a mamãe me pegava na colônia. Assim que eu entrava no carro, eu contava para ela tudo que eu tinha feito durante o dia, sobre as amiguinhas, sobre as tias. Mas a mamãe me dizia que eu parecia triste.

A mamãe e o papai não sabiam que eu não falava e que era tímida na colônia. Eu fiquei com medo de contar para eles porque eu achei que eles ficariam tristes ou bravos comigo. Eu achei que eles insistiriam para que eu falasse na colônia de férias, que não entenderiam que eu tinha medo de falar.

Eu queria tanto fazer amiguinhos novos! Eu queria que eles gostassem de mim, mas eu não conseguia falar nada.

**Capitulo 6: O silêncio fala: O que está acontecendo?**

Um dia, eu estava brincando com uma menina do meu grupo, e ela me perguntou:

- O que você quer desenhar?

Eu tentei mostrar para ela com gestos e fazendo caretas, mas ela ficou brava porque eu não respondia nada para ela. Daí, ela me empurrou e eu comecei a chorar (mas sem fazer nenhum barulhinho com o meu choro, só as lágrimas escorriam pelo meu rosto). Foi então que a tia Sandra ligou para os meus pais para contar o que estava acontecendo na colônia. Ela disse que eu não falava nada o dia inteiro e que estava escolhendo não falar lá e que as tias não sabiam como me ajudar. Ela também disse para eles que eu estava sempre com uma carinha triste, e que eu não estava mais brincando com os coleguinhas na hora do recreio.

Eu não brincava com as meninas porque elas estavam brincando de "faz de conta" e elas falavam e cantavam o tempo todo. A única coisa que eu fazia com elas era correr de um lado para outro, contanto que eu não precisasse falar nada.

*Este é um desenho meu, sozinha durante o recreio.*

A mamãe e o papai ficaram muito chateados e tristes com a notícia de que eu não falava nada na colônia de férias. Eles me perguntaram por que eu não falava, e eu expliquei que eu ficava nervosa, que tinha medo que as crianças poderiam rir de mim e que elas fariam muito barulho. Mas, na verdade, eu não sabia porque eu não conseguia falar. Não conseguia explicar, mas eles entenderam. O papai me disse que ele também tinha medo de falar com pessoas quando ele era pequeno e que ele não gostava de estar no meio de muita gente, com muito barulho. O papai me disse também que tinha medo de falar na frente de outras pessoas, mesmo quando ele era um adolescente. Mas hoje, o papai tem o seu próprio negócio e ele tem que conversar com muitas pessoas. Ele me disse ainda que ainda se sente inseguro e fica nervoso, mas que enfrenta e conquista o próprio medo. Quem dera que eu pudesse fazer a mesma coisa! Seria tão melhor pra mim, mas eu não consigo!

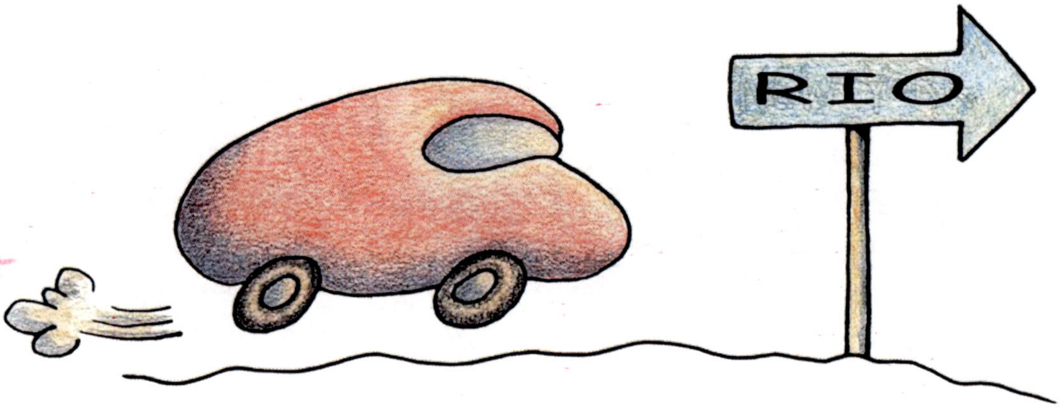


Finalmente, a colônia de férias terminou. Nós fomos então para o Rio de Janeiro para o casamento da minha prima mais velha, a Lea. Eu sempre fui o xodozinho dela, e por isso ela me escolheu para ser a sua dama de honra. A mamãe estava super feliz e ela me disse que faria o meu cabelo como o das meninas mais velhas. Eu também ganhei um vestido muito lindo e cheio de rendas para ser a daminha de honra. Eu não via a hora do dia do casamento chegar.

Nós chegamos ao Rio alguns dias antes. No dia anterior ao casamento, teve um jantar de toda a família (eu tenho parentes em São Paulo, no Rio e também em Nova York). Fomos a um restaurante muito chique e super barulhento. Todo mundo começou a chegar e logo fiquei sabendo que eu teria que subir ao altar junto com a prima Lea, carregando um travesseirinho com as alianças. A minha tia Noêmia me ensinou como andar e como carregar as alianças, foi então que comecei a ficar muito nervosa, a ponto de começar a tremer. Fiquei pensando: e se eu cometer um erro? E se eu derrubar as alianças? E se eu cair no meio da igreja? Comecei a procurar a mamãe e o papai até consegui ver onde eles estavam. Depois, uma outra tia minha se aproximou, falando super alto. Ela me deu um beijo na bochecha e me abraçou muito forte, dizendo:

- Você está tão linda!

Foi naquele dia que eu parei de falar com certas pessoas da família e com outras pessoas que eu não conhecia. Daquele momento em diante, eu só falava com a mamãe, com o papai e com poucas pessoas da minha família, como a minha prima Lea e a tia Noêmia. Ninguém mais. Fiquei muito triste e meus pais ficaram preocupados comigo. Mas, eles sempre me salvavam quando alguém me perguntava alguma coisa, como uma mulher da sorveteria, por exemplo. Eles então explicavam:

-Ela é meio tímida, mas não é malcriada por não responder. Desculpe!

Eu sei que eles estavam querendo me ajudar, mas eu me sentia cada vez mais triste toda vez que uma situação dessas acontecia. Mas, pelo menos eu não tinha que falar com uma pessoa estranha. Que alívio!

**Capitulo 7: Quem pode ajudar?**

Depois que voltamos do casamento no Rio de Janeiro, minha mãe ligou para o meu pediatra, o Dr. Milton. Ele falou para ela que eu deveria ver uma psicóloga, a Doutora Vera, e que ela talvez poderia me ajudar.

Eu escutei que a Dra. Vera não era uma médica, então ela não examinaria o meu ouvido, a minha garganta, nem daria uma vacina ou injeção. Ainda bem, mas sabe o que? Era um pouco pior porque o Dr. Milton falou que a Dra. Vera era uma "doutora que conversava e brincava com as crianças, e era assim que elas eram tratadas". Foi então que eu comecei a ficar amedrontada. Será que a Dra. Vera me forçaria a falar com ela? Será que ela me daria uma injeção para me fazer falar? Nossa, como eu estava errada!

A Doutora Vera fez uma visita aos meus pais e no dia seguinte eu fui ao consultório dela. Quando cheguei lá, tentei evitar de olhar para a Dra. Vera para fazer com que ela não falasse nem olhasse pra mim. Mas ela não fez nem um nem outro. Começou a desenhar e a pintar e eu me sentei e desenhei com ela. A minha mãe também ficava na sala e nós três fazíamos arte, jogávamos alguns jogos, como UNO e "Adivinha quem é?" e eu nem percebia que a mamãe saia da sala de vez em quando. Daí, eu comecei a me sentir cada vez mais acostumada com a Dra. Ver e comecei a usar a minha voz baixinha com ela, e depois de algum tempo, nós estávamos brincando, falando e fazendo brincadeiras e teatrinho na sala dela.

Eu não podia acreditar no que estava acontecendo! Eu contei para a Dra. Vera sobre o casamento no Rio, a colônia de férias, e sobre como era difícil para mim falar com crianças e com adultos que eu não conhecia.

Eu senti que a Dra. Vera entendeu que eu queria ser, fazer e falar como todas as minhas coleguinhas da colônia de férias, mas não conseguia. A minha garganta travava. Então eu expliquei para ela o medo que eu tinha de falar na frente das pessoas.

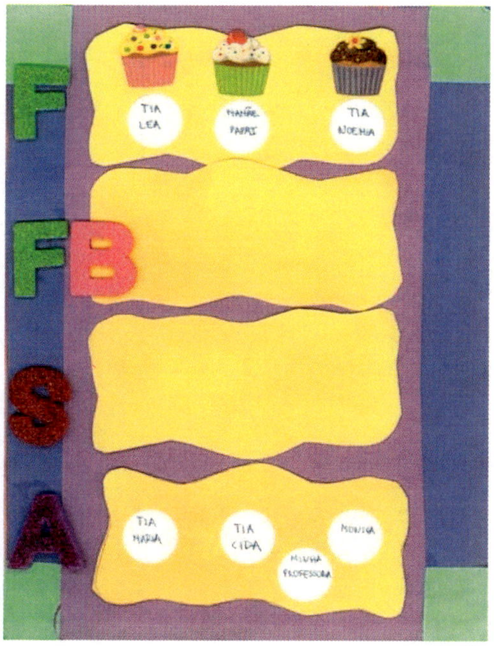


A Dra. Vera e eu desenhamos uma "ponte de comunicação" para colocar todas as pessoas com quem eu falava e com quem eu não falava e os lugares também. Foi então que nós conversamos sobre como ela me ajudaria a enfrentar o meu medo de falar com algumas pessoas e em alguns lugares, pouco a pouco. Aqui está o desenho da minha "ponte de comunicação".

Eu gostei que ela me mostrou o que faríamos nas minhas visitas com ela e também com outras pessoas com quem eu queria falar, e é por isso que você, querida professora, está lendo este livro. É para a senhora participar da minha "ponte de comunicação".

**Capitulo 8: Mutismo Seletivo**

A Dra. Vera se encontrou com os meus pais e lhes disse que o que eu tinha era Mutismo Seletivo (MS). Ela explicou que às vezes crianças como eu (com MS) falavam com pessoas da família e em certos lugares (como em casa), mas não falavam com outras pessoas menos próximas (como na escola, com a professora, ou com outras pessoas). A Dra. Vera explicou que o MS não era algo que eu escolhia ter, e que eu não escolhia com quem eu falava e com quem eu não falava. Ela disse que o MS vinha de um sentimento de nervoso, de ansiedade (como ela explicou) de falar na frente de certas pessoas e em algumas situações.

Então, como nós curaríamos o MS? Eu sabia que quando eu tinha dor de garganta, uma gripe muito forte, a mamãe e o papai me davam o remédio que o Dr. Milton prescrevia para mim. Mas como tomaríamos conta do meu MS, e como eu começaria a falar com crianças e outras pessoas com quem não falava antes?

Foi aí que a Dra. Vera explicou que nós trabalharíamos todos juntos como um time (tipo um time de futebol) para me ajudar a me sentir mais tranquila e confortável em certos lugares.

Logo começariam as aulas na minha nova escola, e a Dra. Vera falou que iríamos trabalhar com a escola, com os meus pais e comigo. E que eu desafiaria o meu medo de falar com as pessoas devagarzinho, tomando passos bem pequenininhos, para finalmente eu me sentir melhor para falar com todo mundo e em todos os lugares.

Eu gostei que a Dr. Vera falou de “passos pequenininhos”, mas quando ela disse que eu falaria no final com todo mundo e em todos os lugares, fiquei amedrontada.

A Dra. Vera sugeriu que nós fossemos à escola nova, “Rio Amazonas”, e que falássemos com você, querida professora, antes do ano começar. Eu achei uma ótima ideia porque eu queria conhecer a escola, saber como será a classe, o banheiro, a cafeteria, e os brinquedos lá fora. Se eu for à escola antes das aulas começarem, então eu já saberei onde estão as coisas, e já conhecerei a senhora, querida professora, e assim ficarei menos nervosa no primeiro dia de aula.

Eu estou tão feliz que você está lendo este livro porque eu gostaria de entrar na sua classe antes das aulas começarem para lhe ajudar a preparar a decoração da sala de aula. Eu sou uma ótima artista, me dizem. Adoro desenhar e a mamãe me disse que faço desenhos muito bonitinhos.

Se a senhora me deixar ir à sua sala de aula antes das aulas começarem, vai me ajudar muito. Sabe como?

1. Eu vou conhecer a senhora e saber mais sobre você: a cor do seu cabelo, como é a sua voz e se gosta de sorvete de baunilha ou de chocolate. Também quero saber a sua cor favorita e se a senhora gosta de brigadeiro (eu faço com a minha mãe).
2. Eu vou me acostumar com a sala de aula (e com a escola). Eu vou aprender onde estão os lápis, os papéis, e também os livrinhos.
3. Eu vou aprender o lugar do banheiro, da cafeteria e também da enfermeira (se eu me sentir doente).
4. Eu quero praticar a usar a minha voz com a senhora na sua classe antes das outras crianças estarem lá também. Isto vai me ajudar a me sentir melhor usando a minha voz com a senhora.

Sabe o que seria muito bom pra mim? Se a senhora pudesse vir à minha casa na semana antes de começarem as aulas. Eu poderia lhe mostrar o meu caderno de desenho, a minha coleção de Barbie, e também a minha cachorrinha, a Marshmallow. Se a senhora vier à minha casa, eu vou me sentir mais tranquila brincando e, quem sabe, até falando com a senhora lá, um lugar onde me sinto muito feliz e à vontade.

**Capitulo 9: Outras coisas que me preocupam e que a senhora pode me ajudar.**

Eu espero que com este livro a senhora entenda que se eu não falar com você e na escola, não significa que eu seja malcriada, ou que eu esteja desafiando a sua autoridade. É que eu tenho o que a Dra. Vera chamou de ansiedade de falar em alguns lugares e com algumas pessoas, MS. Então, é possível que eu não vá falar rapidamente com todos e em todos os lugares da escola, mas eu gostaria muito de começar a me comunicar com você.

Se eu não estiver usando a minha voz com a senhora quando a aula começar, pode ser que eu tenha que lhe mostrar com um gesto que eu preciso ir ao banheiro.

Eu tenho muito medo que quando eu precise ir até lá, eu não vá conseguir lhe dizer! Isso aconteceu na colônia de férias, e eu tive dois acidentes lá: eu fiz xixi na calça. Fiquei muito envergonhada porque todas as crianças olharam pra mim e eu não sabia o que fazer. Então, se nós pudermos ter um "sinalzinho" para que eu possa lhe dizer quando eu tenho que ir ao banheiro, pelo menos no começo das aulas, eu ficaria muito mais tranquila e agradecida. Também quando eu me sentir mal ou eu me machucar brincando lá fora, será que dá para eu mostrar para a senhora com um gestinho, se eu não me sentir confortável de lhe dizer com a minha voz, que preciso ir até a enfermaria da escola e talvez ligar pra mamãe?

É claro que eu já estarei trabalhando com a senhora, com a Dra. Vera e com os meus pais para tomar os passos necessários para dizer o que eu quero, o que eu preciso, e com qualquer pessoa.

Sabe, eu tenho medo que as crianças da minha sala vão começar a gozar de mim porque eu não falo. Será que a senhora poderia dizer para eles que não é que eu não queira ou possa falar, mas que eu não consigo falar?

Acredite: Eu me sinto tão mais tranquila sabendo que a senhora está lendo este livro e que vai me ajudar a dizer para os meus coleguinhas de classe que eu gostaria muito de falar com eles! Com o tempo e passo a passo eu espero poder falar com todos, e será muito bom para mim.

Tem outra coisa: quando nós tivermos a nossa aula da manhã (vamos sentar num círculo?), será que eu poderia me sentar ao seu lado? Às vezes eu me sinto melhor assim, quando não preciso olhar diretamente nos olhos da professora, mas prometo que estarei prestando atenção na sua lição. Adoro quando a professora lê um livrinho para as crianças.

Obrigada por entender isso porque me ajuda a ficar menos tímida. E sabe o que mais me ajudaria? Se a senhora não me colocasse no centro das atenções durante a aula.

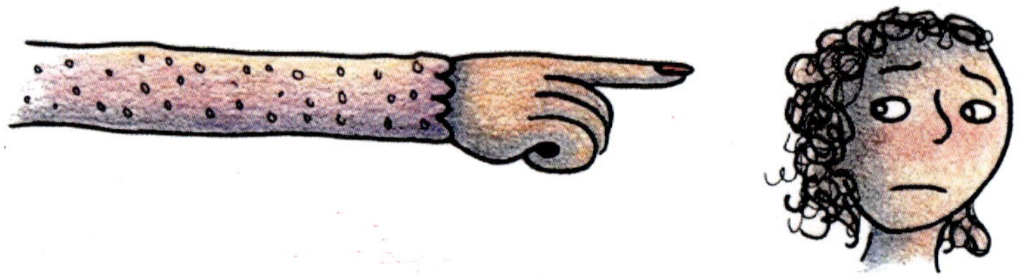

Talvez eu possa levantar a minha mão quando eu estiver pronta e com coragem de responder a uma pergunta (e se ninguém estiver olhando para mim). E, mesmo se eu levantar a mão, se eu ainda estiver com medo de falar ou responder, será que a senhora poderia deixar passar e me dar uma outra chance em uma outra hora? Talvez com o tempo eu vá me acostumar e falar como todas as outras crianças na sua classe. Eu quero ser como elas, falar livremente com todos e o tempo todo!

Eu não sei se os meus pais lhe disseram, mas eu sou muito sensível com certos barulhos altos. Quando nós fomos ao parque para ver os fogos da festa junina no ano passado, eu comecei a chorar e coloquei as mãos nos meus ouvidos. Eu sei que eu tenho que me acostumar com os barulhos fortes e no próximo ano eu vou colocar algodão no meu ouvido durante as festas juninas porque nós gostamos de ir lá e não quero ir para casa cedo por causa do barulho. No jardinzinho, eu comecei a ficar com medo do alarme do fogo, quando nos tínhamos treinamento em caso de incêndio.

Então, o que a minha professora, a Tia Cida fazia era me chamar para a sala da diretora e pedir para que eu acionasse o barulho do alarme. Isso me ajudava porque assim eu sabia quando o barulho começaria.

Na hora do almoço ou do lanche: Eu não como todas as comidas, e tenho certas preferências para macarrão, arroz, feijão, e pão. Eu não como pasta de amendoim, nem espinafre. Não é que eu não goste, é que fica um sabor meio estranho na minha boca quando eu como certas comidas.

Eu estou aprendendo a comer de tudo porque o Dr. Milton e meus pais falaram que eu preciso comer todas as comidas saudáveis (todas as cores do arco-íris). Eu sei que eu tenho que aprender, mas quero lhe pedir para me dar tempo para comer as comidas novas da escola "Rio Amazonas". Obrigada por me escutar.

## Capitulo 10: O final do livro, mas o começo de um ano muito legal!

Querida professora ,

Quero lhe agradecer por ter lido este livro onde lhe contei sobre meus medos, principalmente o de falar com certas pessoas e em certos lugares. Quando a escola começar, eu vou tentar fazer o melhor possível para me sentir confortável na classe, mas eu não sei quando vou falar com as crianças e com a senhora na sala de aula. Quem sabe eu vou me sentir confortável de falar com você quando eu visitá-la antes das aulas comecarem?

A Dra. Vera e meus pais irão falar com a senhora também a respeito da minha ansiedade, MS, e eles farão planos com você para que eu tome passos para conseguir enfrentar o meu medo e para que eu use a minha voz com coragem pouco a pouco.

Eu me sinto mais tranquila que a senhora, querida professora, possa me entender melhor agora apesar de eu estar com medo de começar uma nova escola, um novo ano, num novo prédio e com coleguinhas novos. Mas eu sei que se a senhora, meus pais, a Dra. Vera e eu trabalharmos juntos, vou me sentir cada vez mais à vontade com os coleguinhas e com a senhora e, no final, eu espero falar e brincar como todas as crianças na escola "Rio Amazonas".

Da sua nova aluna,

Sofia.

## Uma palavra final para pais e professores

Espero que, com este livrinho, vocês possam compreender e aprender mais sobre Mutismo Seletivo, uma condição de ansiedade onde crianças (e adultos) não falam em certos lugares e com certas pessoas apesar de falarem em outros lugares e com outras pessoas. Esta condição é de ansiedade, e não é uma característica de crianças malcriadas, desafiadoras de autoridade e elas não escolhem não falar. Elas tem medo de falar em certas situações e com certas pessoas.

Este livro é sobre uma personagem fictícia (que é composta de muitas das centenas de crianças que eu já avaliei e com quem trabalhei). MS acontece em meninas e em meninos, de todas a classes sociais, e esta condição já foi estudada em vários países da Europa, Ásia, Estados Unidos e agora no Brasil. Sua criança pode ter algumas características semelhantes às da Sofia, mas não outras. Nenhuma criança com MS é igual a qualquer outra. Elas são como pedacinhos de neve, cada uma com uma identidade diferente. Se MS não for tratado adequadamente cedo na vida da criança que apresenta os sintomas e os prejuízos que a condição pode causar (como dificuldade social, isolamento social, dificuldade acadêmica), a criança pode desenvolver sintomas de outras condições (ansiedade social, depressão, isolamento social) que tornam a situação mais difícil e mais prejudicial para o desenvolvimento e o bem estar da criança.

Tendo conhecimento maior sobre mutismo seletivo, apoiando a sua criança e ensinando as pessoas que estão na vida dela (como compartilhar este livro) a ajudará muito. Pense em todas as pessoas que estão em contato com a sua criança, como professores da escola, família, professora de ballet, técnico de futebol, e outras atividades. O objetivo principal é ajudá-la a se sentir cada vez mais confortável em vários lugares e com várias pessoas.

Como vocês viram na história da Sofia, é importante desenvolver um time de pessoas para trabalharem juntos: a criança, as professoras, os pais, os profissionais e toda a família. O tratamento mais eficiente (baseado em evidências científicas) é o Tratamento Comportamental e o Tratamento Cognitivo

Comportamental (dependendo da idade da criança). Baseado nos princípios de tais protocolos empíricos (com evidência científica), aqui está um plano que foi desenvolvido para um dos meninos (nome fictício) com MS:

1. Daniel estava no terceiro ano do primário numa escola grande. Ele falava com os seu pais, mas somente em casa. Ele não falava na escola com ninguém. Era difícil testar o Daniel nas áreas acadêmicas e as professoras não sabiam se ele falava e se sabia ler. Outro detalhe é que o Daniel só comia comidas de cor creme (macarrão com manteiga, pão e batata). Ele também era muito sensível a barulhos altos e ele morria de medo do alarme da escola e também da descarga do banheiro porque era automática e fazia um barulho muito forte.

2. A família consultou uma psicóloga especializada em ansiedade em crianças e também em MS. Ela visitou a escola, conversou com todas as professoras e orientadoras e ofereceu um seminário para todos na escola para que aprendessem a respeito do MS. Ela também observou o Daniel antes que ele a conhecesse no consultório.

3. A psicóloga fez um gráfico da "comunicação verbal e não verbal" do Daniel para aprender como ele estava se comunicando (e se estava se comunicando) na escola com a professora e com as crianças na sala de aula.

4. É importante fazer um gráfico com três elementos para a comunicacao social da criança: o lugar, a pessoa e a atividade. E também notar que tipo de comunicação a criança utiliza: nenhuma (ela fica congelada fisicamente também), não-verbal (com gestos), intermediária (usando uma outra pessoa ou escrevendo para crianças mais velhas) e verbal (sussurro, uma voz baixa, ou uma voz normal). Finalmente, é importante saber se a criança se comunica somente respondendo ou se ela voluntaria uma comunicação (o que seria melhor).

5. Uma vez que os dados acima são coletados, o time todo faz um plano com vários objetivos para a criança alcançar a cada semana ou a cada período. É importante sempre pensar nos próximos passos, mas também dar uma oportunidade para a criança se sentir confortável em cada passo que toma para desafiar o seu medo de falar com certas pessoas e em certos lugares e também para que, enfim, possa dar o próximo pulo para uma comunicação mais verbal e tranquila. A criança também participa do plano comportamental das intervenções. Dependendo da idade dela (e de outros fatores), vários desenhos e gráficos são criados com a sua participação para determinar os objetivos do avanço da criança a cada semana.

6. Cada criança deve ter um plano diferente baseado nas características de cada uma. Por exemplo, usamos a irmã mais velha do Daniel para expô-lo na sala de aula no começo do ano letivo. Ela passava algum tempo com ele na sala depois do horário escolar e a professora ficava junto. Aos poucos, o Daniel percebeu que a professora já havia escutado a voz dele e foi mais fácil para ele falar com ela também. Em outro caso, uma menina, Linda, amava cachorros. Então, os pais encontraram com a professora dela e com os seus dois cachorrinhos num parque. A criança começou a falar com os cachorros e a brincar com a professora sem mesmo perceber que estava falando regularmente com ela, só que no parque!

7. É importante lembrar que ansiedade é uma condição bastante genética, e como dizem, "a maçã não cai muito longe da árvore". Portanto, os pais precisam entender que eles naturalmente podem ter a tendência de salvar a criança de sua própria ansiedade e, com isso, eles criam uma situação mais cristalizada do MS, e a criança não enfrenta a ansiedade, algo essencial para que ela a desafie e que melhore os seus sintomas e todos os prejuízos associados ao MS.

8. Continuando com o plano do Daniel: A professora visitou a Dra. Vera no seu consultório e ela, o Daniel, e a Dra. brincaram de joguinhos (como "Adivinha Quem?") e logo a Dra. Vera saiu da sala, e o Daniel começou a brincar e a falar com a professora sozinho. Ao mesmo tempo, os pais convidaram os coleguinhas do Daniel, um a um, para a sua casa para brincar ou para ir numa pecinha de teatro ou no clube nadar no fim de semana. Aos poucos, Daniel foi se sentindo cada vez mais confortável na companhia dos coleguinhas e ele começou a falar com eles na sua casa. Mais tarde, ele generalizou este comportamento para a escola também. Quando o Daniel tinha que apresentar um trabalho oral (como uma leitura, ou quando ele tinha que falar de um herói brasileiro na aula de história), os pais dele filmavam o Daniel lendo em casa, e a professora via o vídeo na classe. Depois, a professora começou a mostrar o vídeo do Daniel na sala de aula e, finalmente, ele apresentou no final do ano em frente a todos os alunos um trabalho a respeito do Santos Dumont, usando uma roupa da época deste herói nacional.

9. É muito importante trabalhar paulativamente com os objetivos e para cada passo que o Daniel tomava em direção a uma comunicação verbal e com mais pessoas e em mais lugares. Algumas crianças respondem muito bem a um tratamento onde elas recebem um "prêmio" para cada passo que tomam em direção a uma comunicacao social com todos. Mas há crianças que não gostam de ser o "centro das atenções", como é o caso do Daniel, e, com estas, é imprescindível que todos os adultos trabalhando com ele não façam uma festa e que não reajam muito fortemente (mesmo que de uma forma positiva)

quando a criança falar com alguém com quem não falava antes. É muito comum crianças celebrarem quando o colega com MS começa a falar com elas na escola. Ao mesmo tempo, é possível que uma criança faça o papel de "tradutora" para o amigo com MS. Seria importante não deixar qualquer criança desenvolver este hábito porque a criança com MS acaba não sentindo a necessidade de enfrentar a sua ansiedade e de falar mais com mais pessoas.

10. Depois de algumas semanas, o time se reuniu novamente para comparar o gráfico ou tabela de comunicação social daquele momento com o início do tratamento. O time também discutiu outros aspectos de ansiedade do Daniel, e as estratégias que eram usadas para ajudá-lo a se sentir mais à vontade na escola. Por exemplo, o Daniel estava provando novas comidas na cafeteria todos os dias. Os pais dele (que sempre faziam o seu lanche com pão e macarrão somente) decidiram que o Daniel comeria o almoço da escola duas vezes por semana.

11. Algum tempo depois, os pais fizeram uma reunião com a psicóloga e com o médico para decidir se o tratamento aplicado precisava de mudanças (por exemplo, ser mais intensivo, ou talvez se um tratamento medicamentoso precisava ser introduzido).

12. Com o tempo, o Daniel começou a se sentir mais confortável com outras situações, e ele começou a falar com os garçons nos restaurantes dizendo o que queria comer quando almoçava fora com os pais. Ele também falou com uma vizinha que estava brincando de amarelinha na rua da sua casa.

As histórias de Sofia e de Daniel são somente dois exemplos que mostram a importância de desenvolver um time de pessoas para ajudar no tratamento e intervenção do Mutismo Seletivo. O tratamento da criança com esta condição não pode ser feito somente no consultório da psicóloga(o). É necessário fazer uma intervenção no lugar onde a criança mostra mais prejuízos pelos sintomas do MS. Usar uma abordagem comportamental e cognitiva-comportamental é essencial. Até hoje ainda não há muita evidência empírica sobre o melhor tratamento para MS, mas é bem sabido que a abordagem cognitiva comportamental e comportamental são as únicas mostradas por pesquisa a funcionar com resultados positivos. Outro aspecto a ser lembrado, é a importância de ajudar a criança a sempre ir adiante com o tratamento e não se acostumar com uma melhora parcial quando ela pode atingir um "platô" no tratamento. O objetivo final do tratamento de MS é quando a criança (ou adulto) fala com todas as pessoas que quer falar, e em todas as situações, sem prejuízo para a criança no aspecto emocional, social, educacional, e mais tarde, de trabalho.

A autora é membra e já atuou como Diretora da Comissão dos Diretores da organização mundial de mutismo seletivo.

Um lugar na internet que poderá ajudar os pais e professores a procurar mais informação sobre o Mutismo Seletivo, a organização "Selective Mutism Association": www.selectivemutism.org

Boa sorte para todos os leitores deste livro, para pais, professores e profissionais da área. Por favor, sintam-se à vontade para enviar um e-mail para a Dra. Vera Joffe quando quiserem fazer comentários, perguntas ou se quiserem que ela ofereça um seminário em escolas ou hospitais ou ainda para médicos, psicólogos e, principalmente, para pais de crianças com MS que participam de uma organização semelhante ao SMG.Org.

Com muito carinho,

Vera Joffe, Ph.D., ABPP

Certificada no Board de Psicologia Clínica em Crianças e Adolescentes

Certificada em PCIT (PCIT International)

Licenciada na Florida e em Nova York

www.verajoffe.com

A Dra. Vera Joffe tem a habilidade de apresentar de uma forma excelente os sentimentos que uma criança com Mutismo Seletivo tem quando é colocada numa situação de socialização e de comunicação com outros, jovens ou adultos. Este livro é excelente para crianças e também para adultos lerem. Minha esperança para este livro é que ele enfatize a dificuldade de ansiedade de comunicação social que a criança encontra no seu dia a dia, e não somente no mutismo. Felizmente, a Dra. Joffe conseguiu alcançar este objetivo! Apesar da FALA ser a área mais afetada devida a sua tremenda ansiedade social, o Mutismo Seletivo é muito mais do que "não falar". Eu recomendo este livro para todos os interessados em obter informação sob o ponto de vista de alguém que sofre de MS. Elisa Shipon-Blum, D.O. (SMART Center, Presidente e diretora do Centro de Tratamento de Mutismo Seletivo e de pesquisa de ansiedade).

www.verajoffe.com

ISBN 13: 978-0-9787542-3-5
ISBN 10: 0978754239

$22.95
ISBN 978-0-9787542-3-5
52295>
9 780978 754235

Made in United States
North Haven, CT
05 November 2026

21760284R00020